明信片

影记沪上

1843
....
1949

孙孟英 ◎ 编著

生活·讀書·新知 三联书店

Copyright © 2017 by SDX Joint Publishing Company
All Rights Reserved.
本作品版权由生活·读书·新知三联书店所有。
未经许可,不得翻印。

图书在版编目(CIP)数据

明信片/孙孟英编著. — 北京:生活·读书·新知三联书店,2017.8
(影记沪上:1843—1949)
ISBN 978-7-108-05969-7

Ⅰ.①明… Ⅱ.①孙… Ⅲ.①明信片-中国-图集 Ⅳ.①G262.2-64

中国版本图书馆 CIP 数据核字(2017)第 165087 号

责任编辑 赵　炬　王婧娅
封面设计 储　平
责任印制 黄雪明
出版发行 生活·讀書·新知 三联书店
　　　　　(北京市东城区美术馆东街 22 号)
邮　　编 100010
印　　刷 常熟市人民印刷有限公司
版　　次 2017 年 8 月第 1 版
　　　　　2017 年 8 月第 1 次印刷
开　　本 650 毫米×900 毫米 1/16 印张 11.5
字　　数 118 千字
定　　价 28.00 元

序

明信片作为一种邮政卡片，因其廉价简便，从诞生起就受到消费者的青睐。然而，随着明信片被许多国家广泛推广和使用，它的功能也不断变化，由单一的通信功能逐渐扩展为宣传、广告、收藏及保值等多重功能。更由于明信片在设计与制造工艺上的改进，精美的明信片被一些文人雅士作为一种高品位的文化礼品赠予亲朋好友或心仪之人，从而使其身价得到大大提升。

1865年，第一张明信片在德国诞生。1869年奥地利的维也纳邮局正式发行明信片，从此明信片迅速在欧美疯狂流行开来并风靡世界。1896年，我国发行了第一套"蟠龙和万年青"图案的明信片。到了20世纪二三十年代，明信片热在上海掀起，当时的明信片种类繁多，有欧美风光明信片、建筑物明信片、美女明信片等等。由于明信片受众面广，又有广告宣传及收藏保值的作用，上海的一些电影明星、梨园佳丽及大家闺秀纷纷到照相馆拍照，将自己的美丽倩影定格在明信片上。而上海的一些照相馆及图片公司也争先恐后地力邀美女明星免费拍照，随后制成明信片售卖，张织云、胡蝶、徐琴芳、杨爱立、谈瑛、董翩翩等大美女的靓照纷纷上了明信片。照相馆老板通过制作电影明星明信片赚到了钱，而美女明星则通过明信片的发行提升了知名度，实在是一件双赢之事。不少大家闺秀也把自己的漂亮照片制作成明信片，并将其作为礼物赠予好友留念。那时也有不少画家把自己的经典作品制作成明信片出售赚钱。更有不少追求时尚的男女青年把明信片上洋气时髦的穿着打扮作为样板拿到理发店、时装公司要求设计类似的发型及服装，使明信片又起到了引领潮流的作用。另外，由于明信片能赚钱，上海一些有实力的照相馆还专门派摄影师到国内外拍摄各类风光与风土人情的照片，以制作明信片，获取利润。

《明信片》一书用真实的笔调、写实的人物故事，记录明信片百年风云变幻的发展历程。书中讲述的各色人物栩栩如生，故事情节鲜活奇妙。除此以外，读者还可以从书中欣赏到各类充满艺术美感的经典明信片。

孙孟英
2017 年 1 月

目录

第一章　明信片的诞生 /1
邮寄困难的画作 /3
明信片风靡欧洲 /7
德国人捕捉商机 /11
明信片收藏热 /14

第二章　上海的明信片情缘 /17
世界眼中的中国风情 /18
"工部局小龙"引热捧 /21
从"post card"到"明信片" /23
李圭：中国明信片第一人 /26
中国首张明信片 /30

第三章　**洋商抢占上海市场** /35
　　洋记者贩卖"中国元素" /36
　　洋人情侣明信片吹新风 /42
　　好莱坞美女"登陆"上海滩 /47

第四章　**华人照相馆不甘示弱** /57
　　王开照相馆推出体育明信片 /58
　　沪江照相馆推出美女明信片 /69
　　中国照相馆推出电影明星明信片 /75

第五章　**明信片自制热潮** /79
　　大家闺秀赠玉照 /80
　　旅行摄影互品评 /85
　　展示家产传情缘 /88
　　艺术作品广宣传 /93

第六章　洋商的"三国大战" /99
　　法国女郎娇俏可人 /100
　　英伦情侣浪漫温馨 /111
　　美式妆发引领潮流 /118

第七章　南京路上的"硝烟" /131
　　英明照相馆赴江浙采风 /132
　　国际照相馆南下取材 /135
　　王开照相馆远赴澳大利亚 /139

第八章　明信片时尚 /147
　　美发业接轨欧美 /148
　　照相馆门庭若市 /154
　　时装公司来"片"定制 /160

第九章　　盗版引风波 /165
　　　　　不法商贩见利起意 /166
　　　　　打字社偷梁换柱 /169
　　　　　受害者维权无门 /173

第一章
明信片的诞生

邮寄困难的画作
明信片风靡欧洲
德国人捕捉商机
明信片收藏热

早在15、16世纪的文艺复兴鼎盛时期，达·芬奇、米开朗琪罗及拉斐尔等艺术大家的各类作品风靡欧洲。这些作品被许多有经济头脑的商家制作成各种大小不同的艺术品投放市场，其中不少被印制成信封大小的卡片出售，这同后来出现的明信片形式相近，有人说这就是早期明信片的"胚胎"。

到了18世纪中叶，扑克牌这种长方形的小卡牌被引入英国。那时的扑克牌非常漂亮精美，印着各种华丽的花纹，颜色鲜艳多彩，很受人们喜爱。当时的扑克牌售量极大，其中有一些聪明的人走亲访友时随身携带，假如扑了个空，就拿出一张扑克牌在上面写上留言及自己的姓名，将其从门缝塞入房间，主人见了留言就会知道谁来过了，扑克牌起到了信件的作用。因此，也曾有人说扑克牌是明信片的"前身"，只是当时的扑克牌上没有邮资而已。

扑克牌这种闲暇时的游戏玩物能被"一牌二用"，不得不说是一种对邮政业务的创新。

1840年1月10日，英国出现了平民化的邮政——便士邮政，即每封重量在半英两（约合14克）的信件只收费1便士，受到了广大普通百姓的欢迎。

由于便士邮政价格低廉，普通百姓的信件往来逐渐增多，写信者不再自己骑马赶车或派人送信了，一切信件都交由邮政投递，从而推动了邮政业务量的增长和邮政事业的繁荣与发展。邮政方面也开始设计推出各种精致的信封，有的印了当时画家描绘的山川河流、飞禽走兽、奇花异草，有的印了《圣经》语录和名人名言，而且是数十张地成套出售，同后来流行的明信片大小相仿，有人说这就是明信片的雏形。

新颖漂亮的邮政信封的发行，在英国社会受到了普遍的欢迎和推崇。当时的英国首相责成邮政大臣推出了具有艺术感染力的"正宗卡片"，即在卡片背面印有著名工艺品、自然风光及皇室人员的人像等，做成不同的套系，装帧精美华丽，其形状大小与当时的信封相同，受到民众的喜爱。其实英国推出的"正宗卡片"应该算作最早的明信片，只是当时没有正式认同它就是明信片而已。

邮寄困难的画作

这是一个距今已有149年历史的故事。主人公是一名德国画家和一名德国邮局的职员，他俩在邮局的一次商讨与合作，促成了世界上第一张硬卡纸明信片的诞生。

故事发生在1865年10月的一天上午，画家兴冲冲地来到一家邮政局，要把他精心创作绘制的一幅创作于硬卡纸上的彩色风光画作为结婚礼物邮寄给一位他曾经非常喜欢的女朋友。然而，这幅画

欧洲早期的画作明信片

明信片

图文并茂的明信片

第一章 明信片的诞生

明信片的背面

的面积远远大于寄信的信封。信封装不下画,画就无法寄出,而如果画家的好朋友在婚礼当天收不到这幅画,画的价值和意义都会大打折扣。这下把兴高采烈的画家难住了:如果回家再按信封大小画一幅,恐怕就过了好朋友的婚期,同时也会给对方造成一种没有诚意和真心的错觉;如果把画按照信封大小裁剪,就会破坏掉整个画面的完整结构和美感。画家失望极了,只见他急得脸上直冒出黄豆般大小的汗珠,一时不知所措。

就在画家准备放弃寄送、离开邮局时,一位职员叫住了他,并接过那幅画。职员把注意力集中在画的背面,并若有所思地自言自语道:"要想办法,要想办法!"片刻之后,他兴奋地跳起来,一把拉住画家的手说道:"办法有了!"

而画家感到有些莫名其妙,一个普通职员能有什么高招?职员让画家在那幅画的背面写上收信人的地址、姓名和信的内容,将其如信函一样投入信箱。结果达到了与信一样的效果,画家的好朋友在结婚前收到了他的贺礼,感到非常幸福。

这幅贺喜硬卡纸画就是后来被人们公认的世界上第一张人工自制的精美明信片。而这两位本故事的主人公,则被人公认为第一张明信片的共同发明者。明信片由此诞生、发展及兴盛。

明信片风靡欧洲

第一张明信片诞生后曾一度引起人们的关注,大家认为这样的信件形式简便又有新意,应该提倡推广。

1865年,德国一位名叫冯·斯坦福的博士向当时的德国政府建议发行一种"邮政卡",专门提供给只想写短小精悍、言简意赅的信的人使用。他的提议得到了当时普通民众的支持,认为这是一件"惠及穷人"的好事。但在富有阶层的人看来,发行邮政明信片不成体统——他们认为信件属于隐私物,如果流通了明信片,高贵主人的信的内容不就"暴露"在下等仆人的眼里了吗?下等仆人怎么能"掌握"主人家的"重要信息"呢?这岂不是等同于主仆平起平坐、没有贵贱之分了吗?这样不就要乱套了吗?

冯·斯坦福的美好建议没有被当时的德国政府采纳,官员们认为推广明信片是一种没有品位的举动，不符合上流社会阶层的身份，甚至有人还非常反感明信片。但欧洲一些普通民众却对明信片情有独钟，纷纷自制画着各种图案的硬卡纸明信片，彼此间采用非邮寄的方法相互传递，使之成为一种时尚潮流。

随着时间的推移，人们对明信片的看法也有了很大的变化，从反感到暗暗认可。1869年，奥地利一名叫赫尔曼的博士向政府提议发行邮政卡（即明信片），并主张其大小要同信封一致，便于同信件一起投送，同时规定每张明信片的背面要留有可写20余词的空白。

写了文字的明信片的背面

带邮资的美少女明信片

第一章 明信片的诞生

开明的奥地利政府毫不犹豫地采纳了赫尔曼博士的建议。1869年10月1日，首批预付邮资的明信片公开发行，奥地利成为世界上第一个发行和推广明信片的国家。

奥地利当时推出的明信片非常简单，整张明信片以浅黄色为基调，正面用于写收信人地址，背面用于写信，此外附有一张面值2克莱泽的邮票。然而就是这么一张平淡无奇且没有艺术美感的明信片，上市仅一个月就销售出300万张，在不少城镇还出现了断货现象。面对这一轰轰烈烈的争购盛况，奥地利政府喜出望外，官员们纷纷发表讲话赞美推广明信片的好处。政府也大受其惠，增加了一笔意外而又丰厚的财政收入。

奥地利政府公开发行明信片并一炮打响，在欧洲一些国家中引起了很大的反响和震动，没有一个政府会料到明信片的发行会掀起热潮，并带来如此巨大的利润。在经济利益的诱惑下，欧洲各国纷纷推广和销售明信片，获得了一笔笔意想不到的巨大收入。一年之后，傲慢而保守的英国政府不得不低下高贵的绅士头颅，一改其以往不屑一顾的态度，步奥地利后尘推广发行面值"半便士"的明信片。

英国首发明信片的当日，全国各地大小城镇的邮局门前都排起了长队，仅一天就售出了50余万张。这让英国政府大喜过望，许多官员大讲发行明信片的好处与作用，再也听不到一句轻视和反对的言论，更有官员称赞明信片为"高贵的艺术品"，从而使明信片的"社会地位"直线上升，开始成为人们的收藏之物，而政府得到了巨大的财政收入。

此后，明信片迅速在欧洲各国发行、推广、热销，明信片热很快席卷全球。

德国人捕捉商机

正当欧美各国掀起推广明信片的热潮之时，精明的德国人又领先一步，为原本只能用来邮寄的明信片增加了另一种特别用途——广告。

明信片进入千家万户后，假若仅仅用于通信未免有些可惜。那么又如何发挥出更大作用来呢？这是许多发行明信片的政府没有想到也根本不会去考虑的问题。但是，善于捕捉商机和营销的德国商人把目光瞄准了明信片：有的商人把自己的产品拍成照片后粘贴在明信片上，随着邮政投递进入千家万户；有的商家购买大量明信片后将其进行再加工，把介绍自己产品的图案和销售网点的地址贴在明信片上，只要顾客购买其产品就赠送一张明信片；有些旅馆老板干脆把自家旅馆和当地优美风光的照片印在明信片上，以此大做广告；更有财大气粗的阔商不惜斥巨资自制出精美的宣传企业形象的非卖品明信片赠予消费者。

德国的邮政部门开始将小幅的名胜古迹和自然风光的照片印在一些价格较高的明信片上，并注明风景名称和所在方位，促进了德国旅游业的发展和兴旺。

明信片上的广告

空白明信片的背面

  一鸟领声,百鸟齐鸣。在德国人率先将明信片与广告相结合、发挥明信片多种作用的影响下,英国、法国、意大利、瑞士及美国等也紧随其后纷纷推出了明信片广告业务。由此,明信片开始同广告业挂钩,而广告业也以此拓展了业务渠道。

  明信片上的广告宣传从最初的介绍产品、企业、名胜古迹发展到介绍艺人。一些邮商为了增加明信片销售量,把一些美女艺人的照片印制在明信片上,并附上姓名及文字介绍。而那些美女艺人把自己的玉照印上明信片当作一种免费广告,这样就会博得更多的追捧,以此获得更多的名利。而法国的邮商更是大胆地把当时本国的风尘女郎的裸照印制成明信片，败坏了社会风气。对此，法国政府不得不拟定相关法令予以制止，从而阻止了黄色明信片的流行。

明信片收藏热

丰富多彩、形式各异的明信片风靡欧洲，作为一种文化艺术品进入了千家万户。朋友结婚、生子、生日都可以寄一张明信片表达祝福，明信片成了人们的心爱之物。由此，19世纪90年代，一股明信片的收藏热潮在欧洲各国掀起。无论是有钱阶层还是普通平民都把收藏明信片当作一种时尚，更有甚者把收藏明信片当作一种投资，认定某些明信片过若干年后一定会身价百倍，胜过投资实体产业。

随着明信片收藏热的不断升温，英国的一些富人率先在伦敦成立了明信片鉴赏俱乐部。收藏者们在每个月的第一个周日举行一次活动，把自己收藏的明信片带到俱乐部进行交流，同时也可以根据自己的需求进行买卖或交换，从而丰富了各自的收藏品种和数量，也促使邮政方面增加明信片的发行量。

紧随英国之后，法国、意大利、德国、瑞士等西欧国家也掀起了一股成立明信片俱乐部热，甚至在一些偏僻小城镇及乡村，也成立了不同规模的明信片俱乐部。由此可见，欧洲的明信片收藏热有多疯狂。当时所发行的明信片在题材方面极其丰富，有奇花异草、飞禽走兽、山川河流、云霞彩虹、名媛佳丽、艺术绘画、名人名言、

自由女神明信片

第一章 明信片的诞生

明信片背面的文字

名胜古迹、风土人情、奇异建筑等等。没有一名收藏者能够准确地说出究竟曾有多少种明信片问世。据研究明信片的学者估计,至19世纪末欧洲发行了约1 000万种明信片,还有人估计至少有3 500万张明信片在第一次世界大战前发行,这是一个何等巨大的数字!

不同的明信片收藏者,收藏的明信片种类也不同。在这股收藏热中,就连英国的维多利亚女王也收藏了数百张精美、昂贵的明信片,成为那个时代的"大收藏家",从而带动了英国贵族对明信片的追捧。

第二章 上海的明信片情缘

世界眼中的中国风情

『工部局小龙』引热捧

从『post card』到『明信片』

李圭：中国明信片第一人

中国首张明信片

上海是中国最早发行明信片的城市,上海市民也是最早接触并接受这种舶来文化的中国人。上海市民对明信片情有独钟,把购买及收藏明信片当作一种文化追求和时尚。

世界眼中的中国风情

在19世纪80年代欧美掀起的明信片收藏热中,有不少明信片的图案取材于中国的风土人情、风俗习惯及建筑物等,记录了这个大都市沧海桑田的变化。

1842年,无能的清朝政府在西方列强洋枪洋炮的威慑下,签下了中国近代史上第一个丧权辱国的不平等条约《南京条约》,上海被迫于1843年11月17日开埠。随着英国、法国、美国等西方列强设立租界,大量的西方商人、政客、传教士纷纷涌入上海,并在上海设领事馆、开工厂、办公司、建俱乐部、开商店。洋人们除了热衷于赚钱、传教之外,对上海的自然风光、历史遗迹及风土人情都充满了好奇心,有的洋人就把有特色的风景用油画描绘出来。后来随着科技的不断发展,那些领事、洋商、传教士都装备了先进的

明信片上的晚清中国巨人

第二章 上海的明信片情缘

20

明信片　中国元素明信片

照相机。有了照相机，取景更方便了，那些爱好摄影的洋人开始四处寻觅素材，见到合乎心意的场景统统摄入镜头内。他们还把在上海拍的各类照片带回欧美，在本国的报纸、杂志、书籍上刊登发表，吸引西方人对神秘东方产生好奇。

随着欧美掀起明信片收藏热，上海的各类美景也出现在了西方各国发行的明信片上：有的画面是上海早期的外滩全景，有的画面是上海的街景与市民，有的画面是早期南京路上的建筑，有的画面是苏州河边的集市菜场，有的画面是上海的一些名胜古迹，等等。这些明信片上都有外文说明，使人一目了然，知道那是什么地方或人们在做什么事情。据说印有上海风土人情画面的明信片在当时的欧美十分畅销，很受西方明信片收藏者们的青睐。对此，有人说这是西方人在推销和宣传上海，也有人说上海是中国第一个"走出国门"的大城市。此话所言不虚，确实是洋人的明信片把上海推向了世界。

明信片上的"老上海"，为我们今天保留下了一百多年前上海的真实面貌，具有很高的史料价值。

"工部局小龙"引热捧

1843年上海开埠后，洋人开始在上海的租界内办起书信馆（邮政局），开设邮政业务。19世纪60年代末，西洋各国掀起的明信片热潮也影响到了中国上海。1874年,上海工部局(在租界内相当于市政府职能的机构)责成其书信馆设计和推广明信片。书信馆方面特邀了洋人画家设计明信片。设计加入了中国文化元素,画有一条淡紫色的小龙,邮资面值为1分,被称为"工部局小龙"明信片。明信片整体为长方形,长120毫米,宽75毫米,四周有边框,并印有"工部书信馆"五个大字及英文说明,整体品貌精美大气。这张明信片一推出就受到租界内洋人们的青睐和追捧,上海的一些洋商代理人通过工作之便也抢购起明信片,以能够手持一张"工部局小龙"而感到自豪,不少人还以此炫耀自己神通广大。

常言道,物以稀为贵。由于上海工部局书信馆印制的明信片主要在洋人之间流通,当时上海的普通市民还不知道明信片为何物,那些大户人家也因无"洋人关系",很少有人看到或接受明信片。但随着时间的推移和新品明信片的不断出现,明信片逐渐成为洋人及富人喜欢的"高级礼品"。曾有这样一件趣事:一个上海富家子弟为了能在朋友面前炫耀自己有本事搞到"洋人明信片",特向一个在洋行里工作的朋友借了一张明信片向别人展示。结果展示完后明信片不翼而飞,这下把那人吓坏了,他从哪里去再搞来一张明信片赔给朋友?由此吓出了一场病,病好后又出大价钱买了件衣服赔给对方算作弥补。事情听起来令人不可思议,但说明当时明信片在华人中确实算是一种稀有物品。

"工部局小龙"明信片是中国境内发行的第一张明信片,上海成为中国第一个发行明信片的城市。由于当时的明信片是由洋人设计并在洋人中流通，故明信片上只有英文 post（邮寄）与 card（卡片）而没有中文翻译，故明信片被称为"邮寄卡片"，也称"邮寄硬卡片"。

从"post card"到"明信片"

对于中国人来说，明信片只是一种外来的通信卡片，是西方欧美国家的产物。由于明信片邮资低廉、画面多彩，成了人们的收藏之物，从而有着广泛的销售市场。明信片在西方被称作"post card"（邮寄卡片），而把它翻译成"明信片"的人是谁呢？这人就是我国近代邮政的创始人之一李圭。

李圭，1842年出生，江苏江宁（今南京）人，字小池。李圭从小聪明好学，有独到的见解和创新意识。他博学多才，精通英文，1865年，23岁的李圭任宁波海关副税务司霍博逊的文牍（现在叫秘书），每天都要进行文件翻译，因而他的英语翻译水平炉火纯青。1876年，李圭被派往美国费城参加"美国建国一百周年博览会"及赴欧亚洲各国进行考察，当时这些国家中正在流行邮政卡片（即明信片），但当时这种邮政卡片没有一个统一的称呼。欧美国家对明信片的称呼比较相似，如英国称明信片为"post card"（邮政卡片），即由 post（邮政）与 card（卡片）两词组成，法国、德国、西班牙则称其为"邮寄卡片"，这两类称呼大意相同。但其他欧洲国家

洋人使用过的中国明信片

对其也有"邮寄图片"或"邮政硬纸卡"等称呼。而日本称明信片为"邮便叶书",简称"叶书",由日本邮政省发行的明信片又称"官制叶书",假若在明信片上加印绘画,则称为"绘画叶书"。1874年,上海工部局发行的第一张明信片也是只用英语"post card"来称呼,翻译成汉语即"邮政卡片",也有人翻译成"书信片"。

如何使"邮政卡片"这一不用信封邮寄的"信件"能用汉语确切地表达出来,成了李圭心中的一件重要之事。他绞尽脑汁,反复对"邮政卡片"的特点、作用做了分析,最终认定,必须跳出"以

政要合影明信片

词译意"的死板翻译模式,要按照中国人的习惯和文化特点来翻译"邮政卡片"。1885年,李圭在翻译《香港邮政指南》及拟写《译拟邮政寄信条规》时都把"post card"翻译成"邮政明信片"。

1897年10月1日,大清邮政首枚邮资明信片发行,邮资图下印着醒目的"邮政明信片"五个字,从此"明信片"一词出现在中国各个时期发行的明信片上,一直运用至今。

李圭则成了准确翻译出有象征意义并符合中国文化的"明信片"一词的中国人。

李圭：中国明信片第一人

当欧美各国都在大力推广明信片以增加财政收入之时，自闭的清政府还不知道"邮政"是怎么一回事，更不知道明信片是什么玩意儿，它们能起什么样的作用。

而中国的一些有识之士，已在向清政府大声呼吁要创办国家邮政，要推出"中国的明信片"。在这些呐喊者中就有近代中国邮政的创始人之一李圭，他是最早向清朝政府提出"开办中国邮政"及

明信片的背面

"发行中国明信片"的倡导者之一。

　　1867年,李圭被派去美国费城参加"美国建国一百周年博览会",在此期间李圭对美国的经济文化与风土人情进行了考察,博览会结束后他又赴欧洲考察,全程历时八个多月,使他大开眼界。李圭考察完回到上海后,立刻写成《环游地球新录》一书,书中对欧美邮政做了详尽的记录和叙述,并建议清政府开办"中国邮政"。李圭的建议得到了李鸿章的赞许与肯定。1885年,在葛显礼的主持下,李圭把英文的《香港邮政指南》译成汉语,同时又拟写了《译拟邮政局寄信条规》,对十几种邮件的规格、特征、大小、轻重、资费等做了详细的规定,其中对明信片做如下阐述:"邮政局有印就厚纸片,其信资图记也印于片上,由局出售,以便商民凡寄无关紧要之信,可就片面写姓名住址,片背写信,不用封套,价更便宜。各国信馆皆有此片,谓之明信片。"

　　李圭在把他写的《译拟邮政局寄信条规》送呈葛显礼、李鸿章等官员的同时,还随附了一张"明信片"。这是一张改制的明信片,李圭把一张香港1880年发行的印有维多利亚女王肖像邮资的明信片进行改制,把明信片中上部的英文"香港"及"徽志"刮掉,手写"大清国 CHINA",另外在英文"万国邮政联盟"一行字上面手写"邮政局明信片"六个字,再用一枚大龙邮票将维多利亚肖像邮资覆盖,变成了一张地地道道的"中国特色"明信片,以此让那些官员直观地了解明信片的真正模样。

明信片上的外国美女

明信片

明信片上的外国小孩

第二章　上海的明信片情缘

中国首张明信片

当西方国家已开始普遍发行邮政明信片之时，清政府还没有设立国家邮政局，而在上海的租界内邮政寄信和寄文件已相当普遍。直到1878年清政府才开始由海关试办邮政业务，即由海关内的邮务处兼办邮政业务。同年8月，海关邮政处发行了中国历史上第一套"大龙邮票"，该邮票为竖长方形，四周为齿轮边，左上角印有一个"大"字，右上角印有一个"清"字，即为大清朝之意，在两字中间印有英文单词"CHINA"，即"中国"的英文名。邮票的左右两侧分别印有"邮政局"和"壹分银"字样，字并在两侧的下部印有阿拉伯数字"1"，邮票的底部印有英文单词"CANDARIN"，即"分银"之意，邮票的中间印有象征大清王朝的青龙图案，因此，这张邮票被称为"大龙邮票"。大龙邮票共发行了三枚，分别为"一分银""三分银"及"五分银"，开创了中国邮政业的先河。

然而，当时所谓的"大清邮政局"，还只是隶属于海关，没有独立性，因此业务也做不大，更不可能去印制发行明信片，从而使中国的邮政业务发展缓慢，远远落后于西方邮政发达国家"万里之遥"。

到了19世纪90年代中期，欧美国家邮政业务已非常发达，明信片业务提供了不容忽视的一部分政府财政收入。此时，清政府才

大清邮政明信片

上海外滩风光明信片

明信片

上海外滩风光明信片

上海街景明信片

赛马明信片

第二章 上海的明信片情缘

意识到邮政业的重要性。1896年，清政府结束了由海关负责邮政业务的状况，成立了由政府负责的邮政部门——大清邮政。

大清邮政成立后，才开始发行真正意义上的国家邮票——"大清国政府邮票"，同时清朝政府责成费拉尔设计"中国邮资明信片"，这是中国历史上的第一次推出明信片邮政业务，也是中国推出的第一套明信片。这套明信片为竖长方形，左上角印有"大清邮政"四个大字，邮资上印有象征清朝政府的蟠龙和万年青图，邮资图下印有"邮政明信片"五个字。从此，被洋人称作"邮政卡片"的这一物品在中国开始广泛流通，普通百姓也开始认识和接受明信片。

第三章 洋商抢占上海市场

洋记者贩卖「中国元素」
洋人情侣明信片吹新风
好莱坞美女「登陆」上海滩

20世纪初起,随着英、法等国在中国一些城市里不断扩大租界范围及经济贸易,欧美来华的各类人员越来越多,尤其是商人。不少洋商在上海开设了照相馆、报社、图片社,这些行业是寻求文化与艺术的产业,中国各地的风土人情及名胜古迹就逐渐成了洋商镜头中的"猎物"。

洋记者贩卖"中国元素"

20世纪初,上海外滩的某洋行开设了一家美国新闻图片社,这是一家美国新闻社驻上海的分支机构,主要是为美国新闻媒体提供中国新闻的图片和相关的说明文字。然而,在那落后、愚昧的清政府统治下,对于美国新闻图片社的外国摄影师来说每天要想拍到一些有价值的新闻图片比登天还难,因为腐败没落的政府没有施政的蓝图,没有改变社会与民生的好举措,如一潭死水的社会就没有好新闻。

然而,没有好新闻不等于没有拍摄题材。街上有剃头摊、铁匠铺、修鞋铺,有卖唱的、杂耍的、抬轿的、推车的,河里有划船摇橹的、撒网捕鱼的、游泳的……不同的民风、不同的打扮、不同的习俗、不同的人种，这一切都是洋人摄影师接触到的极其丰富多彩的创作素材。当时美国新闻图片社有个名叫查尔森的摄影师非常有商业头脑，他意识到中国的城市、街道、河流都和欧美国家有所区别，仿佛是两个迥然不同的世界，中国对西方人来说有一种神秘感。为此，查尔森利用工作之便，在上海各处游荡，拍些市井小民的生活习俗，拍些上海的街巷里弄，拍些富有中国风格的亭台楼阁、小桥流水，再拍些中国人的穿着打扮。查尔森把这些照片冲印出来欣赏，觉得很有特色，精明的他意识到这些照片放在中国分文不值，但是拿到美国或欧洲就成了反映古老遥远国度奇异的风土人情和文化风貌的"稀有商品"。

一年后的春天，查尔森怀着一个发财梦去欧美"旅行"，他带着一大箱精美的"中国范儿"照片开始四处兜售。查尔森先回美国，通过一位在美国邮政工作的朋友介绍，把一部分拍摄上海弄堂里市民生活的照片卖给了邮政部门，赚得了一笔数额可观的美金，而邮政部门则将那些展现异国风土人情的照片制成明信片，以此赚取更多的利润。

精明的查尔森在赚得第一桶金后，又带着照片远赴欧洲。那时的欧洲非常流行收藏各类明信片，其中画面独特、制作精美的十张一套的明信片可以卖到三四十元。查尔森看中了这一商机，把所有在上海拍摄的照片分成不同类别（如寺庙类、亭台楼阁类、市民穿

明信片

中国孩子明信片

中国工人明信片

第三章　洋商抢占上海市场

明信片

上海龙华塔明信片

着打扮类、街头小贩类、街头卖艺类、田野风光类等），送到欧洲各国的拍卖行拍卖，不少国家的邮政部门、出版社、图片社都看中了这些"中国元素"照片，使他的照片在竞拍中屡创价格新高，换得了丰厚的收入。这些照片制成的"中国明信片"一经推出便炙手可热，对中国怀有好奇心的欧美人士纷纷购买收藏，从而在欧美掀起了一股中国热。

赚了大钱后的查尔森有了更宏大的战略。他回到上海后干脆辞掉了原有的工作，并开始了他真正意义的"新生活"——专职拍摄和制作明信片，并在英租界的河南路上开设了一家中型规模的图片制作社，取名为"华美图片制作洋行"。查尔森雇了十余名华洋员工，而他自己带着摄影助理到中国各地采风。他先拍遍了江浙一带的名胜古迹，随后再南到福州、厦门、广州，北到济南、天津、北京等地取景拍照，回上海后把有代表性的摄影作品经过全方位的整修、调色后制作成了一张张、一组组不同内容的（无邮资）明信片在中国出售，同时又把照片版权卖到欧美各国，从而又赚得盆满钵满，成为在华美国商人中的一位"文化富商"。

到了20年代，查尔森已成为上海广告界的大洋商，当时上海的一些大公司、画报社在制作宣传单和画报中的插图、插页时都要找查尔森开设的华美图片制作洋行。查尔森日进斗金，成为上海乃至中国的明信片制作巨头，也是他将照相产业中的照片转化成一种艺术性商品，从而推动了照相业的发展与照相产品的多样性。

洋人情侣明信片吹新风

20世纪初,在南京路上有一家洋人开设的大型照相馆,名叫耀华照相馆。耀华有四间门面、两个大橱窗,是当时的"海上四大名店"之首。老板是一名叫施德之的德国商人,专门为有钱人拍结婚照、艺术照及各类人物肖像照,尤以拍结婚照闻名上海滩。上海的华洋消费者都以到耀华拍结婚照为荣。明信片的流行让施德之感到不可思议——照片通过变换形式就成了文化艺术产品,还可以赚大钱。这使他决定推出明信片业务,同相邻的华美图片制作洋行抢夺中国的明信片市场。

耀华老板施德之是一个非常聪明的商人,他深知同类产品竞争很容易两败俱伤,互不得利,于是决定要同华美图片制作洋行进行产品内容方面的错位经营。华美制作的明信片基本上是以中国传统的风土人情、山川河流及亭台楼阁为主要内容,这已成为独树一帜的风格。而这种风格并非是耀华的特色,步人后尘的东西没有新意,施德之决定另辟蹊径,走有自己特色的经营之路,即主打拍摄人物肖像照这一优势,推出洋人情侣照明信片,扬我之长,以此抢占市场。

为了设计和制作出与众不同的"耀华明信片",老板施德之邀请了当时在上海工作、生活、探亲、访友的年轻漂亮的德国情侣到耀华照相馆里充当模特。新郎梳着锃光发亮的三七分波浪式发型,

西式结婚照明信片

第三章 洋商抢占上海市场

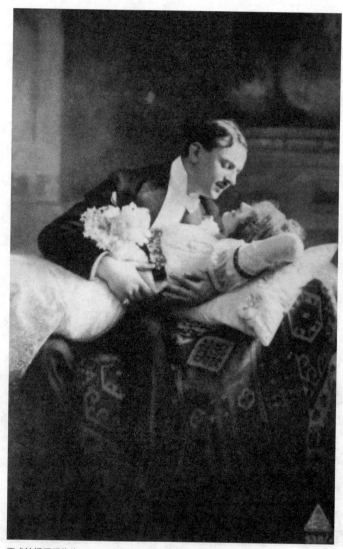

西式结婚照明信片

明信片

西式结婚照明信片

第三章 洋商抢占上海市场

身穿笔挺的黑色西装，挺括的白衬衫上系着花色的领带或领结，脚蹬一双锃亮的尖头皮鞋，气宇轩昂。他的手中挽着烫了长波浪、身穿洁白晚礼服、脚蹬高跟尖头皮鞋的新娘，他们摆着各种不同的姿势出现在照相机的镜头前。这些人美、衣美的情侣照，充满了视觉冲击力。

一张张令人耳目一新的情侣照使施德之看到了赚大钱的希望，而最为关键的是明信片的制作。经过毕业于德国美院、懂得色彩原理、会绘画、会摄影的施德之一番绞尽脑汁的设计，一张张精致的"情侣明信片"横空出世。这种明信片一经推出，三万套在短短一周内就被抢购一空。

当时洋派的华人青年男女特别崇尚欧美，特别是五四运动后，大城市的年轻人思想进步开放，勇于接受新事物，厌恶封建落后的思想习俗。施德之推出的与众不同并具有浪漫色彩的情侣照明信片，仿佛给这个沉闷的社会吹来了一阵清新的风。当时上海的时尚青年男女都以能获得一套耀华设计制作的情侣明信片而感到幸福和满足。

初尝明信片市场甜头的施德之没有沾沾自喜，而是在深谋远虑后制定了一套更宏伟的计划：情侣明信片要按季节制作，不同的季节选择不同的服装、造型、发型和拍摄环境。春季百花盛开、姹紫嫣红，男女情侣身着漂亮的春装到风光秀丽的公园或野外拍摄照片；夏季天气炎热，男女情侣换了短发，身穿短衣薄裙在小桥流水边拍照；秋高气爽之际，男女情侣身穿西装和晚礼服到郊外拍照；冬季银装素裹，男女情侣身穿翻毛皮大衣，头戴翻毛厚皮帽，脚蹬高跟皮靴在豪华的摄影棚里拍照。每次施德之将按季节拍摄出的照片设计制作成明信片推向市场后，都获得了丰厚的利润。

当时耀华推出的明信片之所以抢手，是因为老板施德之掌握了中国大城市青年人追求时尚的心理。明信片中模特的发型和穿着打扮都是欧美最流行的，中国的年轻人除了喜欢明信片中的漂亮人物外，更是把其中洋人模特时髦的穿着打扮作为自己追求的一种样板，不少大户人家的太太和小姐就会根据明信片中人物的服装让裁缝店大师傅仿制。

好莱坞美女"登陆"上海滩

图片社、照相馆都能通过拍照自制明信片赚到大钱，这令美国勒克斯图片社的主要负责人霍瑞追悔莫及——论人才、实力、财力，他们都要远远胜过华美图片制作洋行和耀华照相馆，只是没有料到明信片这一欧美产物能在中国也有广阔的消费市场。为此，霍瑞决定开发明信片市场。

推出什么内容和主题的明信片，是霍瑞所必须考虑的一个关键问题，假若推出同社会上现有的明信片类似的产品，不一定会有的市场保证。为此，霍瑞进行了市场调查和分析，发现在中国没有美国好莱坞电影明信片，而20世纪20年代末好莱坞电影就开始进入中国电影市场。上海是最早同西方文化接轨的大都市，上海观众最爱看美国电影，电影中漂亮的女明星特别受上海年轻人的青睐。霍瑞深信推出好莱坞美女影星明信片，在上海一定有广阔的市场前景。

霍瑞对美国好莱坞电影公司发行的各种杂志、画报及宣传新电影的海报等资料进行选择性的翻拍，重点选择好莱坞中有名气及长得漂亮的女明星。当时被翻拍的对象包括以《我不是天使》为代表作而红极一时的梅·韦斯特、以《日落大道》为代表作而深受观众喜爱的葛洛丽亚·斯旺森、以《风骚女人》为代表作而闻名世界的玛丽·碧克馥等大牌美女明星。霍瑞深知明星有很强的社会效应，年轻人中有不少是好莱坞美女明星的铁杆粉丝。只要把翻拍好的明星照片在裁割、整修、调色等方面用心制作，再在明信片的布局方面精心设计，那么一套套吸引人的"好莱坞美女明信片"就水到渠成。

勒克斯图片社推出的"好莱坞美女明信片"一发行便博得消费者的喜爱，人们纷纷抢购收藏，更有甚者还倒卖。当时有不少好莱坞影迷还把明信片装进相框内便于欣赏，有的将其放入自己的精美大相册内与家人的照片摆在一起，更有甚者把自己迷恋的美女明星的明信片放在皮夹内随身携带。

葛洛丽亚·斯旺森明信片

第三章 洋商抢占上海市场

好莱坞影星明信片

好莱坞影星明信片

第三章 洋商抢占上海市场

明信片　英格丽··褒曼明信片

费雯·丽明信片

第三章 洋商抢占上海市场

明信片

丽塔·海华丝明信片

玛丽·碧克馥明信片

第三章 洋商抢占上海市场

葛丽泰·嘉宝明信片

明信片

第四章
华人照相馆不甘示弱

王开照相馆推出体育明信片
沪江照相馆推出美女明信片
中国照相馆推出电影明星明信片

在明信片兴盛的20世纪30年代，上海的一些大型知名照相馆如王开照相馆、沪江照相馆、中国照相馆等都自行设计推出了各种内容、风格的明信片，使明信片市场的激烈竞争达到白热化程度。

各照相馆推出的明信片题材各不相同，王开照相馆以推出运动员明星及体育场景照为主，沪江照相馆以推出电影明星照为主，中国照相馆以推出风光照为主。可谓丰富多彩，璀璨夺目。

王开照相馆推出体育明信片

王开照相馆在20世纪20年代就声名鹊起。1927年，上海举办第八届远东运动会，这对当时的中国来说是一件非常重要的事情，这是一次国际性的大型运动会，当时的国民政府非常重视，表示一定要办好这届远东运动会，并希望中国运动员在比赛中取得好的成绩，为中国人民争光。举办运动会对全国人民来说也是一件大事，因此，此次运动会的关注度是可想而知的。当时的运动会组委会对拍摄权进行了招标，有不少照相馆报名参与。大会组委会开出的标底数是200大洋，这在当时来说是一笔非常大的开支，可买几套洋

举重运动员和裁判合影明信片

房，堪称天价。竞拍开始时，不少照相馆的老板一听起拍价，个个吓得目瞪口呆。所有人都面面相觑，站也不是，坐也不是，心里有一种说不出的滋味，总觉得被组委会耍了。就这样，竞拍场内一直冷场，不管拍卖师在台上怎样耐心讲解，就是没有竞拍者举牌。眼看就要流拍时，只见场中央一位戴着眼镜、身材瘦小、年龄在40岁左右的男子突然站起身举起了10号竞拍牌，说道："我出200大洋！"他一举牌，本来如一潭死水的场面立刻哄闹起来，在场的众人先是露出惊讶的表情，随即就是一阵热烈的议论，而问得最多的便是那个中标者是何方神圣，怎会为拍摄权下如此血本。许多在场者都啧啧称奇，深感不可思议。

那位中标者就是王开照相馆的老板王炽开（原名王秩忠）。具有先进经营理念的王炽开目光长远，他着眼于企业的长期发展，深信此举会对提高企业知名度有很大的帮助，而企业有了知名度，也就能吸引到更多的顾客，生意兴旺就能带来滚滚财源。

当社会各界得知王开照相馆老板王炽开用高价拿到了第八届远东运动会的拍摄权之后，纷纷表示敬佩，夸他有魄力、有胆识，并开始称其为南京路上的照相业老大。

当上海及周边城市的报馆得知王开照相馆获得了远东运动会的拍摄权之后，大小报馆的老板纷纷争先恐后地涌入了王开照相馆，寻找王炽开要求买下运动会期间的新闻照片，而且"稿酬从优"。一时间，王开照相馆的老板办公室人满为患。

好客而又大气的王开老板王炽开来者不拒，他对所有报馆提供

摔跤运动员合影明信片

武术表演明信片

远东运动会照片的请求全部满足,同时很慷慨地向媒体表示,免费提供照片,不收一分钱的稿酬,但有一条规定,必须在照片下方标注"王开照相馆摄"。所有媒体对王炽开的这一"低要求"喜出望外,二话不说,个个都一口答应。

1927年8月28日,第八届远东运动会开幕。从那天起,王开照相馆里一直都有报馆的工作人员等候着,他们一拿到冲洗出来的运动会照片就连夜送到报社,第二天读者就能看到最新的运动会新闻照片。而王开照相馆的大名就天天出现在各大报纸上,其知名度大幅度提高。然而知名度提高了也不能没有经济效益,毕竟拍照片、

运动会游泳比赛明信片

运动会篮球比赛明信片

印照片都是有成本的，没有收入就要蒙受经济损失。为此，王炽开想到了赚钱的门道，他把所拍的照片进行分类与挑选，把其中的精品进行全面的修整、调色，然后再请人设计制作成一套套运动会明信片推向市场，从而赚得知名度与经济效益的双丰收。

王开老板王炽开在20世纪二三十年代几乎把上海所有运动会的拍摄权都包揽了。1935年第六届"中华民国全国运动会"在上海举行，王开再次买下了运动会的拍摄权。在参赛选手中有一个曾夺得第十届远东运动会四项游泳冠军的"美人鱼"杨秀琼，她是中国被骂"东亚病夫"以来第一个在国际性大赛中夺得这么多冠军的女运动员。当时杨秀琼在中国是家喻户晓，蒋介石、宋美龄认其为干女儿，并送她一辆美国产紫竹牌小轿车。这个人气极高的"美人鱼"一到上海就成了最受新闻媒体关注的重量级人物。她到哪里，哪里就被她的粉丝们里三层外三层围得水泄不通。王炽开深知杨秀琼的分量有多重，就利用有全运会拍摄权的优势，把她邀请到了王开照相馆。因为杨秀琼又是一位出色的体操选手，于是王开照相馆专门为她拍摄了一组做体操动作的照片，并制作成了明信片。

杨秀琼身穿紧身性感的体操服、露出白皙细嫩的肌肤、亭亭玉立地展示出各种迷人姿态的明信片一经推出，很快就被喜欢和崇拜她的追随者们一抢而空。不少男士还把她的明信片放在皮夹内或压在办公桌的玻璃台面下，以便能随时欣赏。

王开照相馆通过为运动会和运动员拍照并设计制作明信片提高了企业的知名度，同时也赚得了拍照主业之外的另一领域的经济效

运动会马球比赛明信片

南洋华侨运动员到达码头场景明信片

杨秀琼艺术体操表演明信片

益,这就是高明经营者所具备的素养,如此方能使企业在激烈的市场竞争中立于不败之地,并能长久引领行业风尚。

这就是20世纪二三十年代的照相业老大王开照相馆的故事。

沪江照相馆推出美女明信片

南京路上的沪江照相馆以专门拍摄电影明星、梨园名伶、大家闺秀而闻名上海滩。它的老板姚国荣是一位曾留学日本进修摄影技术的海归摄影师,以拍摄人物和静物而闻名,被誉为中国的"南派摄影大师",他的沪江照相馆被同行称为"明星照相馆"。那时上海滩上大小明星的生活照、艺术照,几乎都出自于沪江照相馆老板姚国荣之手。

1925年,30岁的摄影师姚国荣从日本回到上海,在南京路上开了一家名为"沪江"的照相馆。如何使刚开张的企业一举成名呢?精明的姚国荣想到了一个好主意:通过为明星拍照来提高知名度,吸引高档消费者。

然而,当时红极一时的电影明星不是你想请就能请得到的,他们是有架子的。姚国荣通过一位在电影公司工作的同学帮助,请到了当时著名的电影女明星张织云、王汉伦,免费为她们拍照,照片印出后再送给她们。唯一的要求就是将她们的照片陈列在沪江照相馆的大橱窗内和墙上,以起到广告的作用。而对这些电影明星来说,自己的照片可以免费陈列在繁华热闹、人流如潮的南京路上,这是在给自己做广告,何乐而不为呢?一次双赢的合作就这样达成了。

姚国荣拍摄技术高超,灯光布得到位,拍摄时对女明星神态、姿势的捕捉恰到好处,拍出的照片在样貌、神韵、姿态等方面均达到最佳,张织云和王汉伦看了非常满意,夸起姚国荣都赞不绝口。

两位美女电影明星的照片在沪江照相馆的橱窗里被陈列出来后,一下吸引了不少路人驻足张望,纷纷夸赞。沪江照相馆的生意也逐步兴旺起来。一些爱美的时尚女性开始选择到沪江照相馆拍"明星照",学着明星的姿态摆造型,将自己的美永恒定格下来。沪江照相馆的明星照经口口相传成了一种极具特色的品牌,沪江照相馆也就很快成为上海南京路上的著名照相馆。

从20年代中期到30年代末,几乎当时所有的知名电影明星如胡蝶、阮玲玉、徐琴芳、邬丽珠、谈瑛、黎莉莉、袁美云、顾兰君、周璇,名伶如唐雪卿、董翩翩等,都在沪江照相馆拍过明星照和生活照。同行评价,沪江是明星的宫殿、美女的庭园。沪江照相馆在当时的知名度不亚于王开照相馆。

然而,免费为那么多的明星拍照而且还要送照片给她们,这样不就亏本了吗?姚国荣把明星的各种照片制成了一套套精致的明信片出售,同样赚了钱。由于明星有许多的粉丝追随、仰慕,因而她们的明信片非常畅销,时常是一入市场就被抢购一空,随后便再版又再版。出售明信片不仅比拍照片赚钱更多,还省力省费用。

姚国荣的广告意识也非常强,他在每张照片的下方都盖上有中英文"沪江"的钢印,每一张明信片的背面也都印有蓝色的"沪江

黄柳霜明信片

第四章　华人照相馆不甘示弱

明信片

唐雪卿明信片

陈云裳明信片

第四章 华人照相馆不甘示弱

张织云明信片

照相馆"五个字。由于明信片的发行量非常大，其起到的广告效应也就非常惊人。精明的沪江老板还会把明星明信片推广到东南亚国家销售。那时东南亚国家的华人华侨很多，都喜欢看中国电影，沪江制作的电影明星明信片自然成了抢手货。这些华人华侨到了上海也争相去沪江拍照。

近年来，曾有游客在新加坡、马来西亚等国从一些华人朋友手中回收到了当年沪江设计制作的电影明星明信片。

中国照相馆推出电影明星明信片

20世纪30年代，南京路上的中国照相馆也是上海照相行业中的一家名店，曾以照片成像清晰、色泽明亮、质感细腻、人物形象自然丰富而闻名遐迩。中国照相馆最擅长的就是拍摄结婚照和艺术照。老板吴建屏原是王开照相馆的首席摄影师，在同行中，他是有口皆碑的大师级人物。

吴建屏还是一个非常精明的经营高手。他利用企业与电影院相近这一优势，时常和电影院搞联动促销，为出席首映式的电影明星免费拍照片，然后把明星照片陈列在店堂内招徕顾客。上海市民都知道中国照相馆也是电影明星的拍照"宫殿"。

1939年，沪光电影院以装潢精美豪华、剧场富丽堂皇跻身一流影院之列。落成后的沪光为了吸引观众的眼球，买下了由著名美女影星陈云裳主演的古装片《木兰从军》的首映权。为了能使这部

陈云裳明信片

明信片

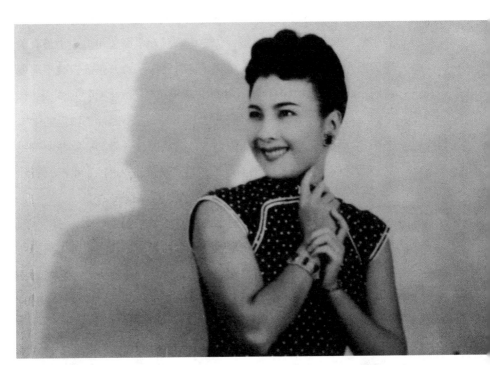

陈云裳明信片

电影一炮而红，电影公司、电影院与相近的中国照相馆进行了一次密切合作：由沪光电影院出材料费，电影公司把陈云裳请来，中国照相馆免费为其拍照。就这样，老板吴建屏亲自掌镜，为花容月貌的大美女陈云裳拍了许多不同造型、不同风格、不同打扮的艺术照和生活照。照片冲印出来后，沪光电影院和电影公司挑选出最有美感的照片制作成宣传海报和资料。同时还印了数万张陈云裳不同姿势的小照片，上面印有"中国照相"四个字，观众购买一张电影票，电影院就随机赠送一张陈云裳的照片。观众持小照片去附近的中国照相馆，只要同橱窗内放大陈列的陈云裳照片姿势一样，即所持照片与其是同一张底片印出的，就可得到免费放大的12寸彩色照片一张。由此，中国照相馆的知名度再一次得到提高。

陈云裳是《木兰从军》的女主角，加之她扮相漂亮、演技又好，从此名声四扬，拜倒在她石榴裙下的痴情男子无数，希望得到美人玉照的粉丝亦无数。老板吴建屏就抓住机会设计制作了一套陈云裳的明信片，从而痛快地赚了一笔。当时沪光电影院的老板曾调侃吴建屏说："中国照相馆靠陈云裳发了一笔财，打响了品牌。"

这是中国照相馆、电影公司、沪光电影院及陈云裳四方共赢的一次合作。

明信片

第五章
明信片自制热潮

大家闺秀赠玉照
旅行摄影互品评
展示家产传情缘
艺术作品广宣传

20世纪30年代是上海、天津、广州、香港、武汉、南京等城市兴盛繁荣的时期，上海更是中国的经济中心，云集了各路英雄豪杰和商贾巨富。他们追求财富，引领时尚，享受生活。不少富人把钱投在了摄影、绘画及制作明信片上面。

大家闺秀赠玉照

随着明信片的疯狂流行，一些富裕家庭的青年男女都喜欢购买和收藏明信片，同时还喜欢将自己的肖像照设计制作成明信片，或自我欣赏，或当作艺术纪念品馈赠亲朋好友。

朱沙丽，1916年生于上海，家住静安寺路，父母都是早年留学英国的海归派，其父在南京政府的外交部门从事翻译工作，其母在上海一家教会医院工作。富有的家庭使朱沙丽从小养尊处优，受到了最好的教育。父母一直视她为掌上明珠，将全部的希望都寄托在她的身上，对她有求必应，一切都顺着她的心意。漂亮、乖巧的朱沙丽从小到大从不惹是生非，不做出格之事，从小学到高中一直在上海最好的教会女中上学，接受西洋文化教育。她性格开朗，能歌善舞，懂英文、法文、德文，一直是老师眼里的好学生，同学眼里

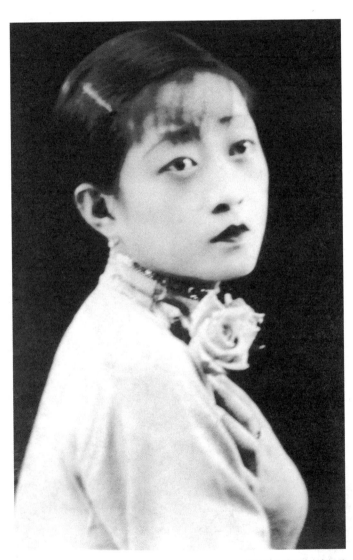

明信片上美丽的大家闺秀

第五章 明信片自制热潮

明信片

明信片上优雅的大小姐

的美丽才女。

1934年，朱沙丽考入上海圣约翰大学，此时的她芳龄十八，风华正茂：窈窕的身材，亭亭玉立；美丽的容貌，妩媚动人；高贵的气质，典雅大方；特别是一对甜甜的酒窝，更使朱沙丽显得娇艳迷人。不久她就成了学校里公认的"校花"。

朱沙丽不仅人长得漂亮，而且特别爱打扮，加上她的衣着时髦、大气，而被同学称为摩登女郎。有一次，学校举行校庆活动，朱沙丽被老师和同学推举演一出小话剧，当她身穿一套精致漂亮的晚礼服走上舞台时，全场瞬间鸦雀无声，都被她艳惊四座的打扮给镇住了。

舞台上，朱沙丽出神入化的表演，使台下的师生看得兴奋不已，喝彩连连，夸她举手投足都不亚于当时的一些电影明星，更有人说朱沙丽像当时红遍全国的美女影星胡蝶。确实，朱沙丽的脸型及脸上的两个酒窝同胡蝶非常相像。所以朱沙丽在她的学校里就成了同学心目中的"美女明星"。

生活中的朱沙丽非常喜欢看电影，也曾有过当电影明星的梦想和憧憬，她时常到美发厅梳胡蝶喜欢的波浪式发型或貂斑华喜欢的盘髻式发型，随后就到专为电影明星拍摄玉照的沪江照相馆拍艺术照，然后珍藏在自己的影集里，同时还选出自己特别喜欢的照片，到图片社请人设计并印制出一张张不同风格的明信片：有古代仕女装扮，有身穿西式晚礼服、留长波浪发型的装扮，有身穿皮大衣、脚蹬高跟皮靴、头戴花式礼帽的装扮。明信片上的朱沙丽神态、气质不凡，胜似明星。

明信片

美人戏服明信片

1937年，抗日战争爆发，大学即将毕业的朱沙丽必须随父母离开上海去重庆，同学们纷纷为她送行。为了给喜欢她的同学留个纪念，朱沙丽选出了她最喜欢的照片到图片社印制了200余张明信片，并在每张明信片上留言签名赠送给了每一位向她索要明信片的老师、同学及好友。

旅行摄影互品评

民国时期，上海有不少"旅会"，即业余旅行团，不定期地组织外出旅游。这些群体是由老板、小开、阔太太组成，他们几乎每个人都会拍摄、冲印照片。旅会成员每到一处旅游景点，除了品尝当地美食和观赏风土人情外，最注重的是拍摄美景。旅行结束后，旅会成员会挑选出自己喜欢的照片，或放大，或送到图片社制作明信片。其中留几张自己收藏，大部分写上地址和姓名寄给自己的亲朋好友，邀其共赏明信片中的大好风光。这也是亲朋好友之间的一种情感联络，以增强彼此间的亲密关系。

在欧美流行收藏明信片的时代，各国都成立了"明信片收藏俱乐部"，俱乐部成员每月定期交流、欣赏、交换、买卖明信片。而上海的一些旅会其实也有"明信片收藏沙龙"的性质。旅会成员每次外出旅行后都要对新冲洗出的照片进行交流评比，然后一起选出好的照片拿去印制明信片，明信片制成后大家再在一起交流、评比及交换，如果大家公认某张为"最佳明信片"，那这张明信片的主人就会得到一份奖励，即这张明信片的印制费由旅会支付，而会员

风光明信片

风光明信片

第五章 明信片自制热潮

们每人都可以获得一张"最佳明信片"。

有一位黄先生早年在上海宁波路上开钱庄，20年代中期加入由银行界著名人士姚元、黄其等人发起的"上海友生旅行团"。旅行团每年的春秋两季组织会员外出旅行。黄先生在这些旅行中拍到了不少珍贵的内容，从20年代上海开始流行明信片一直到抗战爆发上海沦陷的十几年中，他花了不少钱将自己心爱的照片设计制作成300多套明信片，有六张一套的中华古建筑，有八张一套的少数民族民风习俗，有十张一套的古城风貌，有十二张一套的渔民捕鱼撒网的劳动情景，等等。每逢年节，或朋友、亲戚有婚庆喜事、过生日，他就在送礼的同时送上写有贺词的明信片；朋友间通信，他也会附寄一张漂亮别致的明信片。明信片为他们留下了一份难忘的记忆。

据后人说，黄先生非常喜欢明信片，家里整整收藏了三万多张不同时代、不同国家的明信片以及他自己拍照制作的各种明信片，并在临终前嘱咐家人收藏保管好。然而，1966年发生了一场史无前例的"文化大革命"，在"破四旧、立四新"的口号下，一切"封资修"的东西全部被烧成灰烬。

一张明信片蕴藏着一部真实的历史，讲述了一段真实的故事。

展示家产传情缘

当时，一些有钱人为了显示家庭富有、生活体面，用照相机把自家的别墅花园和其中豪华的装潢、昂贵的家具、珍贵的瓷器拍摄下来，然后设计制作成明信片，赠予亲友。

那时南京路附近有一家专做西式洋装的服装店，老板姓张。张老板为人热情，裁缝手艺非常棒，因而服装店生意兴隆，门庭若市。张老板赚了不少钱之后，在闹市区购置了房产并开设了制衣工厂。然而，张老板虽然家庭富裕，生意红火，但是他内心有一憾事——快30岁的独生子还没有成家。如果独生子不结婚娶妻，这张家的香火不就断了吗？这万贯家产不就后继无人了吗？令人不解的是，一个有钱人家的公子哥怎会娶不到老婆呢？除非另有隐情。由此，人们传言张老板的独生子或是低能儿，或长得非常丑陋，或是残疾，或有精神病。总之，外界猜测纷纷。

但一切并非像外界猜测的那样，张老板的儿子不但人长得高大魁梧，而且相貌堂堂，打扮入时，风流倜傥。不仅如此，他做事也非常利索、灵活，像他父亲张老板那样始终面带微笑，凡见过他的人都会留下非常好的印象。每当人们同他说话或是打招呼，他总是非常有礼貌地点头微笑，但却从不回答，也不同人说话，有人还以为他怕羞，其实他是一个听得见而不会说话的哑巴。据张老板说，他儿子在三岁时发了一次高烧，差一点丢了性命，后来经过医治，虽然捡回了一条命，但从此就再也不会说话了。

但是，张公子的智商和听力都和常人一样。张老板把他送到一家教会学校读书，一直到高中毕业。因而这哑巴张公子也是有文化

明信片上的私家宅园

的人，他在择偶方面有较高的要求。虽然在他20岁出头时就有不少媒婆登门，为他介绍了不少同龄的哑巴姑娘，但他全部拒绝了。这让他父母非常焦急，当问他为什么不要聋哑的女人做老婆，他回答是他因为自己不聋，并考虑到如果夫妻都是哑巴，将来怎么教育孩子，怎么接手经营西服店和制衣厂呢？

一个不会说话的哑巴想娶一个听说能力正常的姑娘为妻确实有一定难度，首先他无法同女方有正常的交流，大多数正常人不会手语，这确实是一个难题。但在金钱万能的年代里，富有家庭有财富的优势。说来也巧，正当张老板为儿子的高要求、高标准而犯愁时，有一个媒婆主动找到了张老板，愿为他儿子介绍一个在聋哑学校当老师的姑娘，并说明女方家庭经济状况较差，故想寻找一个有钱人家。张老板一听非常高兴，当即就拍板说好。为了让女方能了解自家丰厚殷实的家底，张老板想到了明信片。他特意通过关系到南京路上的王开照相馆请摄影师到他家里拍照片，把他家的商店、工厂、住宅、花园、客房、餐厅、红木家具、进口黄金饰品及汽车等等全拍了个遍，随后把照片送到图片社设计制作出了一套精美的明信片，让儿子在同女方第一次见面时作为礼物送上，这样就能让对方了解男方的"雄厚实力"，从而留下美好的印象。

也许是男女双方有缘，也许更是明信片的作用，张老板的哑巴儿子和聋哑学校的女老师在第一次见面后就定下终生，最后喜结良缘。

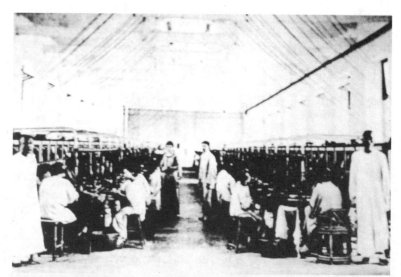

明信片　企业明信片

艺术作品广宣传

20世纪30年代,上海一些有钱的画家和雕刻家为了展示自己的艺术才能和深厚的艺术造诣,就把自己得意的作品拿到照相馆拍摄成照片,再自己设计制作成明信片赠予亲朋好友,以增强彼此间的情谊,更是为自己创作的艺术作品做广告宣传,扩大自身的知名度,使作品在市场上能卖出一个好价钱。

油画作品明信片

明信片

油画作品明信片

油画作品明信片

第五章 明信片自制热潮

油画作品明信片

明信片

油画作品明信片

第五章　明信片自制热潮

油画作品明信片

第六章

洋商的『三国大战』

法国女郎娇俏可人
英伦情侣浪漫温馨
美式妆发引领潮流

当欧美的明信片热潮涌向世界各国的大城市时,上海也成了英、美、法三国明信片的"倾销地",这三个国家的洋商在上海演绎了一场激烈而又疯狂的明信片竞争,上海商人称此为洋商"三国大战"。

三国洋商都拿出了本国最有代表性的文化内容作为明信片素材,而且推出的几乎都是颜色鲜艳的彩色明信片,令人耳目一新。

法国女郎娇俏可人

法国历来盛产美女。法国女性天生丽质,法国时装引领世界潮流。所以"法国女郎"成了时尚女性的代名词。

法国洋商深知本国美女在世界上有口皆碑,了解中国的洋派青年特别迷恋西方文化。因此,法国洋商针对中国人的品味推出法国美女单人彩色明信片,而且每组明信片上的美女衣着、发饰均有不同。以下即是由法国商人推出的一组经典明信片,被当时上海的收藏者称作"法兰西女郎明信片"。

法国女郎明信片(一):这是一位身穿西式漂亮圆口领晚礼服

法国女郎明信片(一)

第六章 洋商的"三国大战"

法国女郎明信片（二）

法国女郎明信片(三)

第六章　洋商的「三国大战」

明信片　法国女郎明信片（四）

法国女郎明信片(五)

第六章 洋商的"三国大战"

明信片

法国女郎明信片（六）

的法国女郎。她戴着一条珍珠项链，留着美丽松卷的云花式发型，头上还系着一条彩带，双目炯炯有神，面容娇美。

法国女郎明信片（二）：她的一对眸子有种摄人心魄的魅力，高高的鼻梁下长着一张俏皮的小嘴，金黄色的头发卷出优美的弧度，漂亮的西式连衣裙上摆着盛放的花朵，而女郎柔美的表情与优雅的坐姿，更展示出西方女性独特的魅力。

法国女郎明信片（三）：美丽的女郎长着一张鹅蛋脸，波浪式发型造型新颖、自然大气，与她身上雍容松软的裘皮大衣相映衬，展现了法国女郎的时髦风采。

法国女郎明信片（四）：女郎站在鲜花盛开的大自然中，微微侧身，一双仿佛会说话的眼睛望向远方，像是在思索、遐想，又像是对姹紫嫣红的春色之美有一种神往。

法国女郎明信片（五）：女郎身穿一件西式套裙坐在靠背长椅上，左臂靠着栏杆，头部微微左倾，左腿跷在右腿上，右手拿着一束鲜花自然地搭在腿上，表情无一点矫情和做作，给人高雅清丽之感。

法国女郎明信片（六）：画面中的女郎梳了一个无缝云花式发型，蓬松而柔美，把女郎的花容月貌衬托得更加娇艳，再加上一件昂贵漂亮的水貂翻毛长大衣，更显得她高贵、雅致，让人感受到法国女郎的冬日时尚。

法国商人确实精明，他们将本国的"美女资源"作为制作明信片的主要素材，达到了理想的效果。"法兰西美女明信片"深受广大上海市民的喜爱，是明信片中的精品。

美女明信片

明信片

美女明信片

第六章 洋商的『三国大战』

明信片

美女明信片

英伦情侣浪漫温馨

英国商人在上海推出的"英国情侣明信片",也是非常受消费者追捧和青睐的品种。其中的人物,姑娘美丽漂亮,小伙儿英俊潇洒,而且每对情侣风格迥异。

英国情侣明信片(一):美丽的姑娘身穿一条圆领印花连衣裙,脸上带着微笑,身体略向后倾,正好同站在身后身穿黑色西装的小伙脸部相贴,他握着姑娘的左手,含情脉脉地望着姑娘的脸庞。这个优雅、温馨的场景充满了一种深切的爱意。

英国情侣明信片(二):花容月貌的姑娘坐在长椅上,左手搭在小伙儿的手中,仿佛在倾听小伙儿诉说爱慕之心,而西装革履的小伙儿将右手搭在姑娘的肩上,深情地望着她。这画面不仅具有美感,更给人以无尽的遐想。

英国情侣明信片(三):在椭圆形的石凳上,一对情侣相对而坐。小伙儿直视着对方的脸,仿佛迫不及待要向姑娘求爱,而姑娘害羞地低着头,不知是在思考,还是已经被打动。

英国情侣明信片(四):小伙儿从姑娘身后深情地拥着她,握住她的双手,他的脸轻轻靠在她的头发上。这种情侣之间最亲密、最热烈的情感交流与沟通,代表了英国人的绅士风度。

情侣之间有体肤接触,对恋人来说已是双方的感情进入到了较为深入的阶段。如英国情侣明信片(五),一对俊男靓女依偎在

英国情侣明信片（一）

英国情侣明信片（二）

第六章 洋商的『三国大战』

英国情侣明信片（三）

明信片

英国情侣明信片（四）

第六章 洋商的「三国大战」

英国情侣明信片（五）

英国情侣明信片（六）

第六章　洋商的「三国大战」

一起，两人的脸蛋亲热地贴着，卿卿我我，显露出对彼此的爱慕之情和对美好未来的憧憬。这就是英国情侣"热"而不"狂"的恋爱风格。

英国情侣明信片（六）：美丽的姑娘仰着脸痴痴地看着小伙儿，神态妩媚又娇羞，目光中充满爱意。而小伙儿微微闭上双眼，仿佛陶醉在浓烈的爱情之中，畅想着未来的幸福生活。

英国商人推出的"英国情侣明信片"，像一阵新风吹来，使受封建思想束缚的中国人耳目一新，感受到了西方青年男女恋爱的浪漫与自由。中国青年从明信片中也了解到约会时应该打扮得体，穿着大方，行为举止要温文尔雅，这才是文明恋爱。

美式妆发引领潮流

美国商人推出的"美女头像明信片"，是一张张表情各异的半身照或特写，其中的美式妆面与发型在上海受到了热捧。

美女头像明信片（一）：女子漂亮鹅蛋脸清秀端庄，两道细细的弯眉下略微染上棕灰色的眼影，使双眼更加妩媚，漂亮的樱桃小口抹上口红，脸部两侧略施胭脂。女子的整体妆容靓丽美艳，风情万种，显露出一派迷人的优雅。当时，上海的舞女和歌女都喜欢按照这样的妆面美化自己。

美女头像明信片（二）：这张明信片上的女郎主要突出的是妆面和发型。她那一对迷人的蓝眼睛四周用棕色的眼影点缀，眼珠

美女头像明信片（一）

第六章　洋商的『三国大战』

美女头像明信片（二）

明信片

美女头像明信片（三）

第六章　洋商的「三国大战」

明信片　美女头像明信片（四）

更显得明亮有神、妩媚动人，薄薄的嘴唇抹上了桃红色的唇彩，把小嘴的轮廓衬托得更加清晰，整个妆容美艳绝伦。一头齐耳的金发梳成三七分波浪式发型，起伏有致，使得女郎看上去风情万种又不失活泼。在当时，上海非常流行这样的美式妆面和发型，是女性追求时尚最好的样板。

美女头像明信片（三）：这张明信片中的女郎有一种不可一世的神态，这是妆面与发型所起的视觉作用。先要把两道眉毛巧修成叶片般细巧，再把眉梢画得往上翘，使一对眉毛远看像大雁飞

美女明信片

翔时的一对翅膀，有一种冷酷的美感。再在眼睛上画浓重的眼影，将眼尾处加重、拉长，为整个妆容平添了一丝妩媚。女郎梳了一个中分波浪式发型，一条中缝与鼻尖对应，头发往两侧分开，形成一道道浅浅的波浪，自然清新。从正面看，如同一对飞雁的翅膀，很有活力。当时上海不少摩登女郎都喜欢梳这西式发型，并为它取名飞雁式。

美女头像明信片（四）：这位美女的妆容和发型也备受青睐。她双眸明亮，鼻梁高挺，嘴上涂了色泽明艳的口红，显得十分性感。她戴着一顶宽檐礼帽，显得优雅而神秘，卷曲的秀发在耳边若隐若现，造型新颖别致，高贵典雅。

当时有人称这些明信片上的妆面为西式彩妆，发式为波涛式发型，不少上海的明星、大小姐都喜欢按这种妆面与发式打扮自己。

美女明信片

第六章　洋商的「三国大战」

明信片

美女明信片

美女明信片

第六章 洋商的『三国大战』

明信片

美女明信片

美女明信片

第六章 洋商的「三国大战」

明信片

美女明信片

第七章

南京路上的『硝烟』

英明照相馆赴江浙采风
国际照相馆南下取材
王开照相馆远赴澳大利亚

在明信片收藏热中，上海的不少照相馆为了争夺市场，纷纷动脑筋想办法，推出不同内容的明信片，以求新、求美、求奇来吸引明信片爱好者的眼球，希望以此赚得更多的金钱，更为企业打响品牌知名度。

英明照相馆赴江浙采风

南京路上的英明照相馆是上海早期的知名品牌，曾为当时不少的达官贵人拍过照片，二三十年代的不少美女影星如张织云、林楚楚、王汉伦等也曾经是英明的老主顾。趁着上海掀起的明信片热潮，该照相馆的周老板专门派摄影师到江浙地区的名胜古迹和风景优美的景点拍摄风光照，要把大自然的美景摄入镜头中，供制作明信片之用。

英明照相馆率先选择到浙江杭州拍摄西湖美景，郁郁葱葱的山峰倒映在碧波荡漾的西湖中，就像一幅大气磅礴的山水画，非常迷人。英明推出的西湖明信片共计12张，内容包括西湖风光、六和塔、断桥、三潭印月等。西湖明信片一推出，就博得了不少喝彩。由于

明信片上的江浙风光

当时中国交通并不发达,市民外出旅游不多,人们抢购西湖明信片也是为了一饱眼福。

英明照相馆的周老板见西湖明信片刚上市就被抢购一空,欣喜不已,他暗下决心要多推出不同风光的明信片,使这个套系更丰富。为此,周老板又亲自带队外拍,目标是无锡太湖、南京玄武湖、扬州瘦西湖,他要把江苏省三大湖泊的美丽景致在明信片上集中展示。

拍摄工作结束后周老板就迅速投入到设计制作中。他在西湖明信片一举成功的经验上更是胸有成竹,设计推出了三套明信片。无锡太湖风光明信片中有众多帆船远航的古朴景致,大气而悠远。南京玄武湖风光明信片中有渔夫乘小渔船在湖中撒网捕鱼的情景,显得忙碌又怡然自得。扬州瘦西湖明信片中有妇女在湖边洗衣、身边

明信片上的江浙风光

明信片

有孩童戏水的场景,展现了一种其乐融融的美好生活。这三套明信片在展示中国大好河山的同时,也展示出中国各地普通老百姓安居乐业的生活情景,非常生动写实。

英明照相馆的这三套明信片又很快就被抢购一空。周老板兴奋地对同行说:"这是我的财运好。"

其实,财运是跟随商机而来的。当市场上美人明信片泛滥之时,独辟蹊径地推出风光明信片就会十分吸引人的眼球,从而赢得市场。

国际照相馆南下取材

在别家照相馆费尽心思想在内容上求新求异时,南京路上的国际照相馆靠技术力量打响了品牌。他们的摄影师在取景、用光、捕捉动态等方面实力超群,整修着色师则把照片加工得非常自然,颜色均匀。曾有不少图片社还专门把拍好的照片拿到国际照相馆冲印、整修、着色。

国际照相馆的老板得知英明照相馆制作江浙风光明信片大获成功,也决定变一变经营思路和经营项目。经济实力强于英明的国际照相馆老板亲自率领外拍摄影师到中国的南方捕捉美丽风光。他们先后去了福建厦门、广东广州、香港,沿途不停地拍摄,小草屋、渔舟、沙滩、海浪、群峰、楼宇、村落、田间……凡是上海没有的美丽景色,他们统统摄入镜头内。

国际照相馆的摄影师们完成拍摄任务后,就火急火燎地赶回上

城市街景明信片

城市街景明信片

第七章 南京路上的『硝烟』

码头明信片

海，把照片全部冲印出来。经过老板亲自认真地筛选、归类，形成了城市街景、田野风光、江河湖海、花草树木、田间地头等一组组内容丰富的明信片套系。

经过近一个月的设计与美化，国际照相馆的六套南部风光明信片新鲜出炉。明信片上的锦绣河山使人见了无不眼前一亮、啧啧称赞，对于那些从未出过远门的人来说真是大开眼界。明信片爱好者为好好欣赏和品味中国的好风光，争先恐后地抢购起来。

人无我有，人有我优，才是赢得市场和消费者的真正原因。

王开照相馆远赴澳大利亚

实力雄厚的王开照相馆是上海滩照相行业中的翘楚，规模大，技术强，业绩好，在全国照相行业中也是首屈一指。老板王炽开行事大气，一出手便有惊人之举，同行们常叹自愧不如。

王老板经营理念超前，从不步人后尘。别的照相馆为了使明信片有好的内容，就花钱到外省市拍摄风光照，而王炽开竟然派出外拍摄影师到澳大利亚拍摄异国风光和体现当地土著人生活习俗的照片，以此体现王开照相馆的气派，真正让上海的消费者和洋人照相馆的老板见识一下王开独特的经营之路。

1935年，王炽开派侄子王振环和三名技术高超的外拍摄影师赴澳大利亚拍摄风光照。四人经过20多天的海上颠簸到达布里斯班，并一路南行至悉尼、堪培拉、墨尔本，拍摄当地的建筑、海岸、山水、

澳大利亚土著人明信片

澳大利亚土著人明信片

第七章 南京路上的「硝烟」

澳大利亚土著明信片

重点拍摄了当地土著人的各种生活。

以下是王振环在 2007 年讲述的亲历故事。

1935 年冬,我们从上海坐船出发,到达澳大利亚时已经是初夏,那里是南半球,季节同我们中国相反。我们一踏上澳大利亚的土地,就觉得眼前一亮,那里环境干净,花草葱郁,风景特别美丽,我们是一路走一路拍,仿佛有拍不完的美景。然而,我至今印象最深的还是为澳大利亚土著人拍照。他们是这块土地真正的主人,但

土著小孩

却像一群无家可归的流浪者,各方面都非常落后,过着非常原始的生活。土著人的皮肤黝黑发亮,鼻子宽扁,头发卷曲,无论男女都上身赤裸,妇女下身系一件围布裙,男性下身只用一块草毡遮挡,小孩则一律赤身裸体。他们就是这样在大街上或是草坪上说话、唱歌、打闹,无忧无虑、自由自在地生活着。我们举起照相机对着他们拍照,他们既不理会也不制止。我们为了能拍到更多土著人的生活场景,就想让他们围在一起,可是语言不通,再则土著人根本不理会你们这些黄皮肤的外国人,他们是不愿同异族人交流与相处的，并对非土著人有一种警惕与防范。我们见与成年土著人无法进行交流，就把目标转向了小孩。我们走到小孩身边，朝地上一坐，随后从包里取出糖果慢慢放进嘴里吃，并在脸上露出满足的表情，而那些土著小孩见状马上露出了馋样，并一个个走到我们面前站着，想讨糖果吃。见此状况，我们高兴极了，马上从包内取出糖果分发给小孩们，他们像饿极似的飞快把糖果往嘴里塞。第一次吃到这样美味，他们高兴极了，边跳边唱，我们连忙拿起相机咔嚓咔嚓地拍。由于我们慷慨地给土著小孩送糖果，小孩同我们开始亲近，我们也乘机再拿出糖果分给大人们吃，这下我们就同他们打成一片，使他们的防范和警惕解除了。虽然语言不通，但我们通过表情、手势、动作基本上能简单地与他们交流。就这样，我们为土著人拍摄了"团体照""全家福""儿童照"等，算一个不小的收获。另外，我们还去黄金海岸拍摄风景照，那里气候好、景色美，是世界著名的旅游胜地，整个海滩一片金黄色，在阳光和海水的映照下美丽无比，许许多多的人在海浪中进行冲浪表演，那场景别说有多刺激了。

我们结束澳大利亚拍摄回到上海后，老板王炽开当天就留在店里亲自通宵冲印照片，当他从照片中看到美丽的澳大利亚风光和最具代表性的土著人照片时，高兴地跳起来，情不自禁地说道："太好了，真是太好了。"这次的拍摄成果比老板先前预想的还要好，使他非常满意。为了能使照片迅速变成漂亮的明信片，老板王炽开立马就组织人员修片、裁割、着色、设计，经过一番努力率先把澳

明信片

土著母子

土著孩子在跳舞

第七章　南京路上的『硝烟』

大利亚土著明信片推向了市场。当王开照相馆推出了"澳大利亚土著明信片"之后，没有见过土著人的中外明信片爱好者都出于对原始部落的新鲜和好奇，纷纷争购。

此外，王开还推出了澳大利亚风光明信片和冲浪运动明信片，这些具有浓烈异域风情的明信片同样很受消费者的喜爱，人们都说王开的明信片不但画面漂亮，而且使人增长见识。

第八章
明信片时尚

美发业接轨欧美
照相馆门庭若市
时装公司来「片」定制

明信片不仅作为一种邮政物品可以方便通信,还起到了"引领"与"发布"时尚潮流的作用。许多时尚青年男女通过西方人推出的各类明信片,了解到世界的潮流动态,将明信片上的人物形象作为自己追求时髦的参照。

以下是上海滩有名的美发大师、摄影大师和时装大师讲述他们的亲历故事。

美发业接轨欧美

刘瑞卿,生于1909年,是20世纪30年代红遍上海理发业的美发大师,擅长梳各种波浪式发型和盘髻类发型。刘瑞卿年轻时就进入静安寺路(今南京西路)上波兰商人开设的华安美丽馆(今华安美发厅)工作,当时的华安美丽馆中都是洋人理发师,而顾客以洋人和高消费的华人居多,刘瑞卿因此练就了一套梳西洋式发型的本领。

20世纪30年代,是上海经济、文化发展最繁荣的时期,在英租界、法租界内到处都能看到穿着打扮时髦靓丽的人物,上海的文

中缝式波浪发型

第八章　明信片时尚

无缝式波浪发型　明信片

无缝波浪发型　　　　　　　波浪发型

化娱乐生活几乎都与欧美发达国家接轨，美、英、法国国内流行什么发型，上海就流行什么发型，美国好莱坞电影新片时常在上海同步上映，好莱坞美女的时尚装扮，都成了上海爱美女性效仿的模板。市场上的各种好莱坞美女明信片都有不少人购买，当作自己打扮的参照物。

那是1934年春末的一个下午，著名电影演员阮玲玉来到华安美丽馆，请刘瑞卿为其烫发。一番交流之后，阮玲玉从手提包里取出了一张好莱坞美女明信片，明信片上的美女梳了一个非常大气、漂亮的刘海波浪式发型。阮玲玉把明信片递给刘瑞卿，要他照此为

反包式波浪发型

明信片

无缝直发卷尾发型

第八章 明信片时尚

自己设计发型。

刘瑞卿经过一番构思，并根据阮玲玉的脸型与头型特点，在明信片人物的发型基础上进行了创新，为阮玲玉设计了一个三七分波浪式发型。该发型波纹卷曲，发丝清晰，发梢卷翘，整个造型美观又时尚，使阮玲玉不仅有了东方的古典神韵，更有一种西式的高贵气质。

据刘瑞卿回忆，在当时除了中国的美女电影明星拿着明信片到理发店要求按样梳好莱坞电影明星的发型外，还有不少大户人家的阔太太、大小姐等为了追求时尚，也会让美发师和美容师们为她们按照明信片上的样式烫发、剪发、化妆。30年代末，欧美国家流行烫油条式发型，就是把头发梳理成一条条竖直的长圈圈，那形状就像一根根挂在头上的油条。当时好莱坞明星就是以这种别致、活泼的发型出现在明信片上，美女明星周璇就曾拿着明信片请刘瑞卿设计了油条式发型，并在沪江照相馆拍照留影呢！

照相馆门庭若市

20世纪30年代，上海的文化娱乐生活非常丰富多彩，街头随处可见歌厅、舞厅、酒吧，街上张贴、售卖着各种电影画报、明星杂志、明信片。一些漂亮的国内外美女在明信片中摆的各种或优雅妩媚或奔放性感或柔美典雅的造型，一度被许多喜欢拍照的女性模仿。

美女明信片

第八章 明信片时尚

明信片

美女明信片

美女明信片

第八章　明信片时尚

明信片

美女明信片

美女明信片

第八章 明信片时尚

王振环，生于1907年，是王开照相馆30年代的主拍师，他尤其擅长拍摄女性艺术写真。因王振环取景巧妙，擅长引导被拍者摆造型，善于捕捉瞬间之美，故很受有品位的女性顾客喜欢，当时胡蝶、黎莉莉、徐来等美女明星都曾请他拍过艺术照。当美国好莱坞电影全面进入上海并受到观众追捧时，好莱坞美女影星的生活艺术照明信片就成了抢手货，特别是好莱坞明星玛琳·黛德丽、琼·克劳馥、葛丽泰·嘉宝等人优美高雅的气质、洒脱奔放的风姿、高贵靓丽的打扮，迷住了上海的追星族。她们拿着好莱坞美女明星的明信片来到南京路上的王开照相馆，点名要摄影大师王振环为她们拍摄模仿好莱坞明星的艺术照。

不仅如此，为了能让更多的人看到她们美丽的玉照，圆一次明星梦，不少女性还自己花钱到图片社请人设计和制作明信片，展示多姿多彩的自我。

王振环告诉笔者，当时明信片非常盛行，如同现在的人印制名片一样，是一种时尚潮流，也是一种社交手段。不少舞女、歌女也到照相馆拍照做成明信片送人，就是为了给自己做广告。

时装公司来"片"定制

南京路上的鸿翔时装公司，是当时闻名上海滩的一家专做西式时装的大商店。当时有钱人家的贵妇人、大小姐们为了赶时髦，都到鸿翔时装公司去量身定做，鸿翔成了爱美女性的"宫殿"。

顾兰君

第八章 明信片时尚

明信片　胡蝶

欧阳莎菲

第八章　明信片时尚

上海一些有名的美女影星如胡蝶、白虹、顾兰君、谈瑛、胡萍等都到鸿翔定制时装，鸿翔的老板金鸿翔同女明星们还成了好朋友。鸿翔时装公司举办新款时装秀活动时，金老板还常邀美女明星为活动走秀，以增加人气。而明星们穿着鸿翔为她们设计的新潮衣饰到照相馆拍艺术照之后，也会请人设计制作成明信片。

这些明星们的明信片在市场上一出现就会被抢购。不少女性买下明信片就是看中了上面漂亮、新颖的服装款式。她们拿着明信片到鸿翔时装公司，请设计师按照女明星的款式为其定制。金老板曾对人说，在明信片最流行的年代，鸿翔时装公司每天都要接待不少摩登女郎，她们手拿好莱坞或是中国的美女明信片要求按上面人物的穿着制衣，就连一般的家庭主妇也会拿着明信片要求制作同明信片上人物一模一样的服装款式。明信片成了爱美女性寻找和追求高品位生活的一扇窗户。

70年代末，鸿翔时装公司的一位退休老裁缝曾发感慨，30年代流行的明信片种类特别多，尤其是那种穿着打扮时髦的美女明信片最抢手，许多女人美化自己，就是从这些明信片中得到启示。当年各个行业大亨家的大小姐们都手拿明信片来鸿翔定制时装。尤其是邮票大王周今觉的女儿个个如花似玉、美丽动人，她们看到有漂亮穿着打扮的明信片，就会抢先购买欣赏，随后便购买时装面料，请裁缝为姐妹们定制时装。

曾有人说，是当年的明信片热，为南京路上的鸿翔时装公司带来了人气和财路。

第九章 盗版引风波

不法商贩见利起意
打字社偷梁换柱
受害者维权无门

在明信片风靡的 20 世纪 30 年代里，不少商人见有利可图，纷纷动脑筋想办法推出自己的明信片产品。一些没有能力拍照片但脑子活络的人就从外国画报中选择一些漂亮的画面翻拍下来制成明信片出售——这已经是一种侵权行为了。更有一些商人干脆把人家的明信片盗版成自己的产品。而版权所有者面对盗版和侵权者，展开了艰难的维权斗争。

不法商贩见利起意

南京路上的沪江照相馆以拍电影明星照闻名遐迩，人称"摄影宫殿"。除此之外，还有许多梨园艺人、名媛佳丽也喜欢到沪江拍艺术照，从如今一些收藏家手中的老照片上都能看到中英文的"沪江摄"。

沪江照相馆的老板姚国荣被同行和摄影爱好者称为"南派摄影大师"。为明星艺人和有钱人家的小姐、贵妇拍照，成了沪江老板姚国荣一项"专利"。于是，姚国荣同一些明星合作推出了"名媛佳丽明信片"，这些明信片同现在的 6 寸照片大小相仿，都是照相

标新立异的特写明信片

第九章　盗版引风波

明信片　黎莉莉

纸印制的、非邮政类明信片，仅供收藏和欣赏。由于这些明信片的主角都是名人，她们都有很多的崇拜者和追随者，因而一些不法商人见沪江推出的美女明信片卖得好，就纷纷盗版，花钱到一些图片社去印刷，再批发给街头的小摊贩，赚得不义之财。

面对疯狂的盗版，沪江老板心里很急，他也找到了当时的有关部门，但都无济于事——盗版一张小小的明信片，能治盗版者多大的罪呢？当时沪江老板还派人去调查市场上的盗版情况，也叫巡捕抓过贩卖盗版明信片的街头小贩，但是他们都是一些讨口饭吃的穷人，抓了也没有用，定不了任何罪。这使姚老板非常气愤，也深感无奈。

姚老板经过一段时间的苦思冥想，他想出了一个防盗版绝招，即在沪江所设计制作的明信片的背面增加了一个识别标志：盖一个方章，章的内容是"不得翻拍，违者必究""沪江摄影楼""上海总发行"及明信片上的人物姓名。沪江老板的这招，有两个目的：一是想通过"违者必究"来吓唬盗版商；二是通过盖章使明信片爱好者能鉴别真伪，这样就能告诫消费者不要花钱买盗版明信片。

然而，对于消费者来说，只要盗版明信片同正版一样漂亮，再加上价格便宜，最讲究实惠的消费者就会购买。这使得沪江在经济方面还是受到了不小的影响。

打字社偷梁换柱

在当时，上海有不少打字社，也叫作誊写社，专门为客户打字或誊写文件、公函等。他们将客户提供的内容刻在蜡纸上，然后再通过油墨印刷，在那个还没有复印机的年代里就是靠这种方式来完成批量制作文件的。当时一些照相馆要在照片上附说明文字，就先要请打字社刻蜡纸。然而，当时有些打字社老板见照相馆制作明信片能赚大钱，便打起了主意。

公共租界的河南路上有一家华文打字社，老板名叫朱阿根，原是在一家洋行从事打字机、印刷机的维修与保养工作，几年后有了一点小钱，就利用河南路上的一间祖传小门面房开设了一家小型的打字社。但是，有野心的朱阿根不甘心满足于现状，他要盗印别人的明星照片制作明信片赚钱。

1937年初春，南京路上的王开照相馆邀请当时以主演故事片《夜半歌声》而红遍上海滩的著名美女电影明星胡萍拍艺术照，然后制作明信片。王开老板拍完一组照片后进行了严格的筛选，选出了一组胡萍身穿红色长皮衣、头戴红色礼帽、脚蹬红色高跟靴、手提红色小方皮包摆出各种优美造型的照片，打算设计制作"红色女郎明信片"。明信片背面要加一些介绍文字，王开老板就派人把设计稿照片拿到华文打字社，请朱阿根帮助刻蜡纸。然而，谁也没有想到，朱阿根要把王开的胡萍玉照挪为己用，并要赶在王开照相馆前推出自己的"明信片"。

朱阿根可真是胆大包天、不择手段，他在王开老板不知情的情况下，偷偷把胡萍的玉照进行翻拍、设计、加工。他没有把照片制作成当时流行的明信片标准规格，也没有套彩色，而设计成了像今

梁赛珊

第九章 盗版引风波

天扑克牌一样大小的黑白小明信片，当时人称其为"香烟牌子"。由于小明信片价格低，且印制得还算清晰，当时的寻常百姓也购买得起，故一推到市场上就很受欢迎，尤其是那些摆地摊的小商贩都喜欢采购这类价位低又有消费市场的美女小明信片，他们能通过薄利多销更快地运转，达到快速赚钱的目的。一夜之间，上海大街小巷的地摊上都能看到胡萍漂亮的小明信片，而华文打字社的老板朱阿根也因此赚了一笔不菲的不义之财。

然而，这些偷鸡摸狗的卑鄙之事，王开老板王炽开还被蒙在鼓里，依然在有条不紊、按部就班地为胡萍的玉照设计制作明信片，并希望利用胡萍如日中天的知名度使明信片一上市就能大卖。正当王炽开畅想美好的前景时，某天中午，胡萍气冲冲地来到王开照相馆，径直闯进了王炽开的办公室，气愤地把小明信片朝办公桌上一丢，质问道："王老板，你怎么能言而无信把我的照片做成小明信片在地摊上让那些穷小商贩出售？这不是在侮辱我吗？你把我当什么人了！如此不讲信誉，哪像一个大老板的所作所为，丢死人了！"

王炽开被胡萍这突如其来的一顿斥责弄得丈二和尚摸不着头脑，他不知道到底发生了什么事让眼前的大美女如此光火。待他拿起桌上的小明信片时也懵了，一个人呆呆地自言自语道："这怎么可能？这怎么可能呢！"当王炽开把分管设计制作明信片的人叫来问清情况后，他明白了一切：问题出在了华文打字社老板朱阿根的身上。"捉贼捉赃"，他立即通过关系叫来了公共租界的巡捕对华文打字社进行了突击检查，但是一无所获。精明的朱阿根早就在印制完胡萍的小明信片后把一切都销毁了。抓不到把柄，就无法治朱阿根的罪。巡捕还对街头小贩进行了询问，他们除了说"不知道"三个字，就是摇头。他们哪管什么盗版侵权，只管便宜进货加价卖出，赚钱过日子。

无奈之下，王开老板王炽开也只能"哑巴吃黄连，有苦说不出"，这盗版侵权之事就此结束。他深知问题一定出在华文打字社老板朱阿根身上，但只能心知肚明后同对方结束长期的业务合作关系，以解心头之恨，从而也使他真正认识到了社会的险恶，今后必须在经营及合作中多一份防范之心。

盗版侵权风波之后不久，王开照相馆为美女电影明星胡萍设计制作的精致漂亮的明信片终于问世。由于消费层次不一样，明信片依然很畅销，这说明质量过硬的产品最终还是会获得市场的肯定的。

受害者维权无门

在 20 世纪二三十年代的明信片热潮风行时，那些著名照相馆同不少美女影星和梨园名伶合作，拍照制作明信片。由于制作明信片能赚到大钱，一些品行不佳的商人时常会对粉丝众多的美女影星及梨园名伶的照片进行盗版。

广西路与宁波路的交汇处有一家著名的吉士照相馆，由于这附近有好几家戏院，因而时常有一些名角到这里拍些剧照和生活照。吉士照相馆的老板姓王，也是一位非常有生意头脑的人，他见王开

明信片 董翎

董翦翦

第九章 盗版引风波

明信片　唐雪卿

照相馆、中国照相馆和沪江照相馆拍摄、制作各类明信片获得了主业之外的丰厚利润，也想采取类似的经营方法。他利用为梨园美女拍摄照片的机会，同其中一些知名度高的名伶合作，为她们拍照不收费并赠送一套不同规格的照片，以此作为获得使用权的合作条件。这是当时照相馆同明星合作的统一方式，而明星都愿意这样合作。这并非只是为了拍照不付钱，还因为照相馆把她们的玉照做成明信片对外发行正相当于为她们打广告，在媒体并不发达的年代，这是最好的宣传方式之一，对提高知名度具有相当大的作用。

吉士照相馆老板通过关系认识了当时很红的著名粤剧演员董翩翩。董翩翩长得非常漂亮，穿着打扮时尚，是南京路上著名的新新美发厅的常客，专门烫了一个模仿好莱坞明星的分层波浪式发型。王老板亲自为董翩翩拍摄了一组非常经典的生活类艺术照，基本上以拍上半身为主，重点展示她那美丽的容颜。照片拍得很成功，王老板选择了一组满意的照片送到了一家图片社设计制作明信片，待不日后出售赚钱。

然而，使王老板意想不到的是，自己的董翩翩明信片还没有印出来，却已在上海的一些书报摊上被大量贩售，而且还卖得相当不错。面对图片社的严重侵权，王板非常气愤，曾多次向对方提出赔偿要求。但对方一再否认，没有背景、势单力薄的王老板告状无门，只好忍气吞声。

在法制不健全、"大鱼吃小鱼"的社会背景下，有一定势力和财力的不法商人就敢采取卑鄙的手段"强取豪夺"，无依无靠的生意人吃亏是常事。